ür

# Tommaso Vassallo

*Ich atme die Weite und den See –*
*ich atme ...*

1

**ISBN: 9783842379657**
Herstellung und Verlag:
Books on Demand GmbH, Norderstedt
copyright © Cornelia Bagheri

## Erste Begegnung

Der Weg zum Hafen und weiter zur Anlegestelle der weißen Flotte ist so schön, dass ich wieder richtig in entspannte Urlaubsstimmung komme. Gerne würde ich morgen eine Schifffahrt zum Rheinfall von Schaffhausen machen. So gehe ich zum Schalter der Bodensee-Schifffahrt-Gesellschaft und versuche schon mal, aus dem dort Ausgehängten schlau zu werden. Das Angebot ist vielfältig. Nach einiger Zeit spricht mich der zuständige Herr am Schalter an. Ein amüsiertes Lächeln unter zwei hellwachen, klugen, fast weisen Augen. Ich erkläre ihm mein Ziel und sein Ausdruck wechselt in tiefstes Bedauern. Er muss alle diesbezüglichen Hoffnungen zunichte machen. Hin, sehen und zurück – dafür ist die Fahrzeit zu lang. Zumindest von hier aus. Er zeigt mir noch Flyer mit anderen Angeboten und erklärt sie in angenehmer Stimmlage und mit einer heute selten zu findenden höflichen, gewählten Wortwahl, doch ich bin zu enttäuscht, um alles aufnehmen zu können. Mein Blick fällt bei seinen Ausführungen auf seine Hände. Es sind sensible Denker-Hände. Überaus gepflegt. Keine Schwiele. Meine Verwirrung wächst. Was macht dieser Mann hier am Hafenschalter? Na, mir egal! Was mache ich morgen? Ich bleibe noch eine Weile am Hafen stehen, genieße die Abendstimmung über dem Wasser und überlege, gehe noch einmal zum Aushang. Was hatte der Mann noch alles vorgeschlagen? Der Herr der BSB kommt heraus und fragt nach, ob er mir doch helfen kann. Mein Telefon klingelt. Nachdem ich mich gemeldet habe und das kurze Gespräch schnell beendet ist, fragt er mich erstaunt: „Bagheri? Mit g-h? Sind sie Italienerin?" So kommen wir noch ins Gespräch und „vom Hölzchen auf's Stöckchen". Er zeigt mir im Verlauf des Gesprächs einen Text, der in seinem Schalter aufgehängt ist. Ein wunderschönes kleines, anrührendes Gedicht.

„Kleiner Tröster"

Im tränennassen Ärmel verbirgt sich schlicht
ein roter Käfer mit weißen Tupfen.
Gewähr ihm freundlich Unterschlupf.
Du bist dann in deiner Trauer den Abend lang nicht allein –
ein Insekt kann wie ein Engel sein!

Ich frage nach dem Verfasser und fast beschämt gesteht
er, dass der Text von ihm sei. Er ist Hobbyschriftsteller und
wir finden heraus, dass wir einen sehr ähnlichen Schreibstil
haben. Wir unterhalten uns über den Wunsch zu veröffent-
lichen, über die Verlagssuche, über den See. Er ist jetzt 62,
hat beruflich bessere Zeiten erlebt, was ich ihm aufgrund
seines Niveaus sofort glaube. Die Ehe wurde nach 42
Jahren geschieden. Stolz ist er auf seine drei Söhne. Man
merkt aus jedem seiner Worte Lebenserfahrung. Und ich
finde es gerade in der heutigen Zeit besonders bemerkens-
wert, das alles, was er nach einem Leben mit ausgeprägten
Höhen und Tiefen sagt, voller Güte und Nachsicht ist.


Auszug aus dem Buch „Unterwegs - Der Bodensee und ich"


Das war meine erste Begegnung mit „dem Mann am See".
Der Blick auf den See, den er jeden Tag dankbar genießt,
hat ihn wie mich gleichermaßen gefangen genommen und
auf eine Reise geschickt. Auf eine gedankliche Reise zu
den wirklich wichtigen Dingen des Lebens. Zu einer ganz
besonderen Sichtweise auf das Leben.

Seine Gedanken ähneln den Spuren der Sonne, die vom
See zurückgeworfen werden. Sie durchfluten die Gedanken
dessen, der sie aufnimmt, mit Licht, Mut und Kraft.

# Gedanken am Schiffsanleger

**Schweige und höre**

Vielleicht
geht dir in der Mitte der Nacht ein Licht auf,
vielleicht
hörst du unverhofft eine neue Botschaft,
vielleicht
ahnst du plötzlich, dass Friede auf Erden denkbar ist,
vielleicht
spürst du, dass sich etwas verändern wird,
vielleicht
wirst du aufgefordert aufzustehen und aufzubrechen –

Schweige und höre
sammle Kraft und brich auf
damit du den Ort findest, wo neues Leben möglich ist.

**Noch ist Zeit für mich**

Noch ist Zeit für mich, mir den einen oder anderen
Wunsch zu erfüllen.

Ich beginne heute damit
und warte nicht erst auf Morgen.

Ich wünsche mir, dass ich den Mut aufbringe
noch einmal etwas ganz Neues anzufangen
und dass ich das Risiko dabei nicht scheue.

Möge ich mir diese innere Haltung bewahren,
damit ich niemals zu resignieren beginne,
sondern immer wieder zu einem neuen Aufbruch
bereit bin.

## Manchmal

Manchmal,
wenn du es gar nicht erwartest,
wenn du nicht im Geringsten daran denkst,
kann es sein, dass du Neues erlebst,
Neues spürst,
dich neu spürst.

Manchmal,
wenn du es gar nicht erwartest,
kann etwas Neues entstehen –
nimm es an, sag ja,
lass wachsen, was in dir angelegt ist.

Auch wenn andere dich nicht verstehen –
nimm es an, das Neue in dir,
das du nicht gewollt, nicht gesucht, nicht geschaffen
hast.

Schütze es, nimm es an, das Neue in dir.
Trag Sorge, lass es wachsen,
vertraue darauf, dass es zu dir gehört.

Nimm es an – sag „Ja" zu dir!

**Mut zum „ich"**

Wehre dich,
wenn man von dir verlangt, dass du
dir mehr auflädst, als du tragen kannst
länger gehst, als du magst
mehr sagst, als es dir entspricht
länger zuhörst, als es dir gut tut
mehr gibst als du hast
mehr hilfst, als dir möglich ist

Wehre dich,
lass dich nicht überfordern
sondern fordere, was dir entspricht

## Aufbrechen

Meinen Weg suchen
jeden Tag von neuem
mit all meinen Möglichkeiten
trotz aller Schwierigkeiten

Meinen Weg akzeptieren
auch, wenn andere es leichter haben
auch, wenn es mich enorm fordert
auch, wenn ich manches nicht verstehe

Meinen Weg gehen
auch, wenn er steil und steinig ist
auch, wenn Hindernisse es erschweren
auch, wenn ich ganz allein bin

Auf meinem Weg bleiben
trotz aller Versuchungen
mir selbst treu bleiben
und so das Ziel erreichen

**Glauben**

Ich möchte lernen

    verzichten
    obwohl ich nicht muss

    teilen
    ohne dass du bittest

    helfen
    wenn du es brauchst

    genießen
    was mir bleibt


Müssen wir so viel haben
weil wir nicht glauben,
dass wir selbst wertvoll sind?

**Meinem Stern folgen**

vertrauend,
hoffend,
mit offenen Sinnen
unterwegs bleiben.

Meinem Stern folgen
auch wenn mir der Weg
zu lange
zu mühsam
zu schwierig erscheint.

Meinem Weg folgen
und so, meine Aufgaben erfüllend,
mein Ziel erreichen.

**Wach sein,**

das Leise hören,
das Kleine sehen,
das Ferne spüren,
das Wesentliche sagen

Wach sein,
einen Schritt wagen,
eine Hand anbieten,
liebevoll fördern,
behutsam fordern

Wach sein,
das Einfache lernen,
weil es so schwierig ist

## Erinnerung

Was ist schöner, als dem Leben
immer wieder Sinn zu geben,
liebevoll daran zu denken,
dass die Jahre Segen schenken.

Nun, im Alter, denk ich oft:
viel von dem, was ich erhofft,
war nicht so, wie ich es wollte
Doch, wofür ich danken sollte,
wird mir mit den Jahren klar:
Dass ich oft geborgen war!

Gerne denke ich zurück
an geschenktes Lebensglück,
an den, der mein Leben lenkt
und mir gute Zukunft schenkt!

**Märchenwald**

Über Nacht
können kahle Bäume
sich in einen
winterweißen Märchenwald
verzaubern lassen.

Über Nacht
kann sich deine Trauer
verwandeln
hin zu einem Traum
voller Zärtlichkeit und Licht.

**Wenn**

Wenn ich
in der Früh erwache
danke ich dafür,
dass ich diesen lichten Morgen
noch erleben darf

und am Abend,
wenn ich mich
ins Bett lege,
hoffe ich,
dass ich niemandem
an diesem Tag
etwas schuldig geblieben bin –
auch nicht mir selbst.

## Wirklich

Was brauchen wir
denn wirklich
zu einem erfüllenden Leben,
was nährt unsere hungrige
und sehnsüchtige Seele
bei Tage und bei Nacht?

Worte sind es
von Liebe und Frieden
und dann und wann
eine versöhnliche Geste
und eine Umarmung
voller Zärtlichkeit.

## Noch

Noch stehen
wir im Dunkeln,
vor einer verschlossenen Tür

Das Alte
hält uns noch gefangen

Doch
die ersten Lichtzeichen
sind schon da -

Vorboten,
dass alles neu
werden kann

## Höre nie auf

Höre nie auf zu hoffen,
dass das göttliche Licht
alle Dunkelheit vertreibt.

Über Nacht
legt sich deine Trauer,
öffnet sich dein Herz,
lebt deine Seele auf.

Dem strahlenden Stern folge
gegen allen Zweifel,
gegen alle Angst,
gegen alle Widerstände,
gehe mutig deinem Ziel entgegen.

im Glauben,
der gelassen macht
in der Hoffnung,
die Kräfte weckt,
in der Liebe,
die alles trägt.

## Wenn

Wenn du traurig bist
und dein Herz
zu einer Herberge der Angst
geworden ist,

dann möge das
„Fürchte dich nicht!"
eine Spur von Licht
in deine Dunkelheit bringen.

Wer wagt denn schon
mit Sicherheit zu behaupten,
dass es heute keine
Wunder mehr gibt?

## Weihnachts-Freude

Leise klopft die Freude
an deine Tür und fragt,
ob du dich in deiner Trauer
bereits häuslich eingerichtet hast

oder

ob du ihr
eine Chance schenkst
dich und dein Haus zu erhellen.

Heute will die große Freude
die dir geboren ist,
mit ihrem himmlischen Licht alles,
was bisher in deinem Leben
an Dunkel geschah,
endgültig in den Schatten stellen.

## Warum

Warum schluckst du immer wieder
so viel an Ärger und Enttäuschungen
stillschweigend herunter
um des angeblich so lieben Friedens willen?

Nur ein ehrliches Wort,
das die Konflikte
in ihrem Kern anspricht
und zu einer zwar anstrengenden
aber offenen Aussprache führt
kann wirklich Frieden schaffen.

## Stück für Stück

Fürchte dich nicht vor dem,
was morgen wieder
auf dich zukommen mag,

wenn du den scheinbar
unüberwindbaren Berg,
der vor dir liegt,
Stück für Stück
abtragen kannst,

werden sich die Wege,
die dir zur Zeit verschüttet
und dadurch unüberwindbar
zu sein scheinen,
wieder öffnen und ebnen.

## Begegnung

Die Begegnung mit dir
hat mich verändert.

Ich nehme besser wahr
sehe neue Möglichkeiten,
wage wieder zu hören
und gehe behutsam neue Wege.

Ich spüre, dass in mir
vieles stärker wird
manches reift
und manches neu wird.

Ich will es annehmen,
sorgsam tragen,
wachsen lassen
und einsetzen,
wann immer ich kann.

Die Begegnung mit dir
lässt mich neu leben –
ich bin glücklich.

**Klopfe an**

Klopfe an
gib uns die Chance!

Ich will
dich aufnehmen,
für dich da sein,
dir zuhören,
mit dir reden,
mit dir Wege suchen,
dich begleiten
und dich gehen lassen,
wenn du es willst.

Klopfe an
gib uns die Chance!

## Ich danke dir

Verstehst du,
dass ich dankbar bin?

Zu dir
darf ich kommen,
wie ich bin

Mit meinen Wünschen
und Träumen
meinen Möglichkeiten
und Grenzen
meinen Fehlern
und Ängsten

Bei dir
wage ich mich einzusetzen
für das, was mir wichtig ist

Du nimmst Anteil
an meinen Plänen und Versuchen
an meinen Erfolgen und Misserfolgen
an meiner Freude und Trauer

Durch dich
kann ich wachsen

Ich danke dir

# Ich brauche

Ich brauche Visionen
Sehnsüchte und Träume
die mir neues Leben verheißen

Ich brauche den Glauben
dass es mehr gibt
als ich zählen
und messen kann

Ich brauche den Mut
„ja" zu sagen
und aufzubrechen
obwohl mir
die Sicherheit fehlt

## Still werden

Ich will still werden
und spüre tief in mir
ungeahnte Möglichkeiten,
Wünsche und Bedürfnisse,
die Freude am Leben

Ich will still werden
und lerne „ja" sagen –
„ja" zu meinen Visionen
„ja" zu meinen Grenzen
„ja" zu meinem Weg

Ich will still werden
und mein Leben fördern,
das Ferne wahrnehmen,
das Zarte schützen,
das Kleine wachsen lassen –

ja, ich will ……

**Ich wünsche mir**

So vieles, denke ich,
ist schiefgegangen in meinem Leben.

Ich habe falsche Entscheidungen getroffen,

Menschen haben mich verletzt
und im Stich gelassen,

Träume zerrannen
und meine Schritte wussten
weder Weg noch Ziel.

Ich wünsche mir,
dass plötzlich das Unerwartete über mich hereinbricht,
dass mir ein Stern vom Himmel fällt
und das Wunder geschieht,

dass Unmögliches möglich wird
und sich mein Lebenstraum erfüllt.

**Möge dir**

Möge dir an jedem Tag,
an dem du erwachst
das Licht des Lebens leuchten.

Mögest du Freude empfinden
den Tag zu beginnen und
ihn ganz nach deinen eigenen Vorstellungen
und Wünschen gestalten,

damit du am Abend dankbar
auf die vergangenen Stunden
zurückblicken kannst.

## Hab acht

Hab acht,
wie das Leben so spielt –

Bisweilen tröpfelt es dir
nach und nach
Freude ins Herz –

Es liegt nur an dir,
ihre Spuren zu entdecken
und dich von Ihnen
zu schöpferischen Fantasien
inspirieren zu lassen.

**Welch ein Tag**

Welch himmlisches Licht
liegt über dem Tag,
an dem du nichts Bestimmtes
tun oder lassen musst.

Lass dich in die
vor dir liegenden Stunden
hineinfallen wie in einen
Liegestuhl am Strand.

Vielleicht steigen dann
Fantasien in dir auf
womit du dir selbst
Gutes tun
und dich verwöhnen kannst.

**Ich wünsche dir**

Ich wünsche dir ein sattes Leben –

Essen, das dir schmeckt,
Musik, die dich berührt,
Duft, der dich betört,
Blumen, die dich verzaubern,
Worte, die dich aufrichten
und immer wieder einmal
eine Hand in der deinen.

## Wenn

Wenn dich die Langeweile überkommt,
dann lade sie ein, eine Zeit lang zu bleiben.

Lass die Gedanken stehen,
während die Uhr weitertickt.

Wenn dich alsdann
die Schläfrigkeit überwältigt,
dann gönne ihr vorübergehend
die Macht über dich,
bis sie dich wieder in
ein neues Erwachen entlässt.

## Winter

Wehmutsvoll in den
abschiedsgestimmten Herbst
mit seinen farbigen Blättern,
seinen abgestorbenen Blüten
und seine morbide Stimmung
einwilligen können,

und dem Winter in all seiner
frostigen Strenge
sein einmaliges Recht gewähren –
auch darin liegt Glück.

## Augenblicke

Kein Tag ist
wie der andere.

Es liegt an dir,
ob du die Besonderheit
einzelner Augenblicke
aus der Fülle der Zeit
für dich
hervorlocken kannst.

## Endlich

Endlich hast du Zeit,
dein Leben selbst zu gestalten.

Keine Pflicht mehr, die dich ruft,
keine Anforderungen von außen,
denen du dich stellen musst.

Am Abend keine Ablenkungen
durch die Medien,
um Abstand zu gewinnen
von den Anstrengungen des Tages.

Endlich allein aus dir selbst heraus
leben dürfen,

den eigenen inneren Bildern nachträumen
und Gestalt geben

und dich an den
leicht gewordenen Tagen
einfach freuen können.

## Belastungen

Nimm dir nicht
allzu viel vor
und belaste dich nicht
mit Dingen,
die nicht wesentlich sind.

Schenke dir immer wieder
Atempausen,
damit sich deine Zeit
im Wechsel von Ruhe
und Geschäftigkeit
sinnvoll füllt
und darin zugleich
erfüllt.

## Riskiere was Neues

Klage nicht mehr
über all das,
was dir
in der Vergangenheit
nicht hat
gelingen können,

sondern riskiere einen
außergewöhnlichen
Neubeginn,
bis auch die letzte Knospe
in deiner Seele
aufblühen kann.

## Manchmal

Manchmal fürchtest du
zu alt dafür zu sein,
um noch etwas Neues
zu beginnen.

Wäge in Ruhe ab,
ob es für dich und die Erfüllung
deines Lebens wichtig ist,
das zu probieren,
was dich derzeit umtreibt und bewegt.

Die leise Stimme deiner Seele
wird dir die Gewissheit schenken,
ob es dir genügt,
wie sich dein Leben gegenwärtig gestaltet,

oder ob du
einen neuen Aufbruch
wagen willst.

**Nimm**

Nimm noch eine
Handvoll Licht
mit in dein Haus,
bevor es Abend wird,
damit dich die Nacht
nicht in völliger
Finsternis überkommt.

**Gefühle**

Den Abend
in aller Stille genießen –

Die Erinnerungen,
die in einem aufsteigen,
und die Gedanken,
die einen gerade bewegen,
fließen lassen,

um bei Anbruch der Nacht
Ruhe zu finden
und inneren Frieden.

## Stunden

Nimm jede Stunde
als Geschenk
und fülle sie
mit deiner Fantasie,
deiner Kraft,
und vor allem
mit deiner Liebe,
damit dir kein Augenblick
als nichtig entflieht,

sondern jeder Tag
zu einer erfüllten
Lebenszeit wird.

**Jetzt und hier**

Jetzt und hier
einfach ganz Mensch sein

Jetzt und hier
einfach sein
ganz sein
Mensch sein

Ich merke
dass es gar nicht
so einfach ist

Was bleibt
mir anderes übrig,
als es zu versuchen –

jetzt und hier

## Ich glaube

Ich glaube,
  dass es in mir selbst steht,
  was Leben wirklich ist –
  wie ich es gestalten
  und erhalten kann

Ich glaube,
  dass ich neuen Sinn finde
  wenn ich auf meine Träume achte,
  für meine Visionen einstehe,
  meiner Sehnsucht folge

Ich glaube,
  dass es mir aufgegeben ist
  mit anderen aufzubrechen,
  das Wesentliche zu tun
  und einfach zu sein

Ich glaube,
  dass mein Leben Leben wird,
  wenn ich auf andere zugehe,
  einsetze, was ich habe,
  entfalte, was angelegt ist.

## Versuch

Ich versuche
den Faden
meines Glücks
selbst zu spinnen

Wer weiß,
welch Wunderwerk
dabei entsteht

**Ich lebe!**

Ich nehme Abschied,
find zurück,
bin traurig
und genieß das Glück,
ersehne, träume, schwebe,
und lebe!

Ich stürme vor
und halte ein,
kann mutig
kann auch feige sein.
Entscheide, handle, strebe
und lebe!

Was auch geschieht,
ich geb nicht auf,
ich renn hinab
und keuch hinauf,
ich nehme und ich gebe,
verdammt noch mal –
ich lebe!

## Hoffnung

Hoffnung ist wie Unkraut
nicht kleinzukriegen
sie wächst, wo sie will

Winzling zwischen
Pflaster und Beton,
mit kleinen Blüten
in zarten Farben

schon oft zertreten,
weggeworfen für kurze Zeit,
wächst neu an anderer Stelle,
unberechenbar

Unkraut vergeht nicht –
Hoffnung auch nicht!

# Manchmal

Manchmal, über Nacht,
erwacht eine Quelle
zum Leben.

Manchmal, über Nacht,
beginnt es zu grünen
am kahlen Zweig.

Manchmal, über Nacht,
bringt ein Traum
dir das Leben zurück.

Manchmal, über Nacht,
hat dich
ein Engel besucht.

## An Dich

Du lächelst,
doch deine Augen
sind trüb

Kummer nagt,
aber du schweigst

Öffne dich,
verschlossene Seele,
sei ehrlich zu dir

Du musst an dich glauben,
mit dir leben –
ich kann dich nur lieben!

## Vertraue deinem Weg

Du lässt nichts aus
und bist doch selten
nur ausgelassen

Du verlässt
was dich langweilt
und fühlst dich
doch oft verlassen

Vielleicht genügt es nicht
ständig die Spur zu wechseln

Vertraue deinem Weg
geh ihn mutig voran

## Am See

Tauch die Paddel
leise ein,
zieh die Hand
durchs Wasser

Veränderung geschieht
schritttempogleich
langsam am See

## Ermutigung

Die Tür zum Glück
ist oft verschlossen –

Manchmal liegt der Schlüssel
unter der Matte

**Täglich**

Täglich neu anfangen
unter Lebensmüden

Täglich wahr sein
unter Lügnern

Täglich verzeihen
unter Feinden

Täglich lachen
unter Traurigen

Täglich barmherzig sein
unter so viel Unbarmherzigen

**Hoffnung**

Irgendwo vorn
in der nebligen Zukunft
segelt die Hoffnung

Angeseilt
an ihrem Schlepptau
höre ich noch
bei Windstärke zwölf
ihren Zuspruch:

Es wird schon werden…

**Leben**

Den Tag
vor dem Abend loben

sich nicht umwenden

jeden Augenblick
segnen

auch den letzen

danach schweigen

und

neu leben

## Im neuen Jahr

Im neuen Jahr
grüße ich
meine nahen und
die fremden Freunde

grüße die geliebten Toten
grüße alle Einsamen
grüße die Künstler, die mit
Worten, Bildern, Tönen
mich beglücken

grüße die verschollenen Engel
grüße mich selbst mit dem Zuruf
„Mut!"

## Dankbar

Dankbar sein können
für das, was war

Freudig sein über das,
was ist

Erwartungsvoll blicken
auf das,
was vielleicht
alles noch sein kann

**Tau**

Es wächst schon,
was eben erst vergangen –

die Tränen der Trauer
sind Tau
für die nächsten Knospen

## Dein Dunkel

Lösche die Lampe
wenn du willst –

ich werde dein Dunkel
erkennen und es lieben!

**Sag nicht**

Sag nicht
du bist fertig

Schatten
machen dich bang

aber vergiss nicht:
es gibt ja das Licht!

## Anfangen

Wenn ich nicht mehr weiterweiß,
was fange ich dann an?

Was Altes, was Neues?
Was Krummes, was Dummes?
Was Schlaues, was Graues?
Was Hartes, was Zartes?
Was Hohles, was Hohes?
Was Elftes, was Zwölftes?

Wenn ich einen Anfang weiß,
ist der Kreis zu Ende,
springe ich aus der Bahn –

Ja, das fange ich an!

## Das Glück wartet

Das Glück wartet
auf uns.

Aber nicht weit
hinter den Wolken,

sondern auf der
uns immer wieder
beglückenden Erde.

## Jede Minute

Kostbar der Herzschlag
jeder Minute,

sie schenkt dir den Atem,

erlaubt dir anzufangen,

aufs Neue –

In deinem Augenstern
kreist die verwirrende Welt,
ruht das Himmelsherz
jeder Minute.

## Weißt du wo

Weißt du wo
der Himmel ist?

Außen oder innen,
eine Hand breit
rechts und links -
du bist mitten drinnen.

Weißt du wo
der Himmel ist?

Nicht so tief verborgen,
einen Sprung aus dir heraus,
aus dem Haus der Sorgen.

Weißt du wo
der Himmel ist?

Nicht so hoch da oben!
Sag doch ja
zu dir und mir –
du bist aufgehoben!

**Kleine Sterne**

Es muss nicht
eine rote Rose sein
um dich glücklich
zu machen,

auch die vielen
kleinen Sterne
-bodennah –
tragen dich
durch den Tag.

## Lichtspuren

Lichtspuren
auf klammen Grün,

Haut spürt die sanfte
Berührung der Sonne,

zwischen dunklen Ästen
tollen Frühlingsfunken,

Tau auf erwachenden Gräsern –
vieles geschieht, bevor wir es sehen!

## Nicht verpassen möchte ich

Nicht verpassen möchte ich
das Einsetzen des Tauwetters,
die Rückkehr der Zugvögel,
das Aufspringen der Knospen,
den Aufstieg des Kometen.

Nicht verpassen möchte ich
die Flucht der Mächtigen,
das Aufstehen der Schwachen.

Nicht verpassen möchte ich
den Tag, an dem alle Felder
grün sind von Hoffnung,
an dem auf allen dunklen Wegen
Kerzen leuchten,
an dem die Menschen
sehen, hören und sprechen,
den Tag, an dem Steine weich werden.

Ich möchte dabei sein.

**Versuch es**

Stell dich mitten in den Regen,
glaub an seinen Tropfensegen,
spinn dich in das Rauschen ein
und versuche gut zu sein.

Stell dich mitten in den Wind,
glaub an ihn und sei ein Kind,
lass den Sturm in dich hinein
und versuche gut zu sein.

Stell dich mitten in das Feuer,
liebe dieses Ungeheuer,
in des Herzens rotem Wein
und versuche gut zu sein!

**Wunder**

Wunder verdienen
wir nicht –

wir können nur
die Augen für sie öffnen

Wunder sind
das Herz des Lebens,
das in der Brust
der Lebenden schlägt

Glaube nicht,
dass du Wunder verdienst –
wage es einfach,
ihnen zu begegnen

## Her mit den Träumen

Lass lieber deine
Wünsche wuchern,

Taten tanzen,
lass dich nicht rühren,
rühr dich!

Versteh Bahnhof,
lass den Zug abfahren,
pack aus – du bist da.

Ein Schritt daneben?
Ich glaub, es geht los!

Her mit den Träumen!

Lass dich nicht laufen –
lauf!

## Manchmal

Manchmal ist das Leben
ein einziger Spannungsbogen
zwischen hoffnungsvoller Erwartung
und der Angst vor Enttäuschung.

Ins Bodenlose zu stürzen –
überwinde deine Furcht
und riskiere alles!

Der Schmerz, nicht das
wenigstens probiert zu haben,
was du eigentlich wolltest,
ist dauerhafter und tiefer
als eine mögliche Ernüchterung
hinnehmen, verarbeiten und
betrauern zu müssen.

## Weisheit

Welchen Weg soll ich nun gehen?

Stehst du vor dieser Frage,
dann wünsche ich, dass
die Weisheit dir die rechte Antwort sage.

Lass es in dir ganz ruhig sein.
Nichts soll dir die Stille stören,
so wirst du bald die leise Stimme
der Weisheit in dir hören.

## Ein neuer Tag

Im Hier und Jetzt leben
jetzt in diesem Augenblick
aus der Kraft
meiner tiefsten Ressourcen
jeden Wimpernschlag genießen
und die Luft
des Atems auskosten
weil ich weiß, dass es so gut ist

Meine Kraft und Stärke
nicht verschwenden
im Nachsinnen
auf Übermorgen

# Dem Rhythmus

Dem Rhythmus
des Herzschlags folgen
und bewusst meine Zeit gestalten
im Einklang mit mir selbst

Im Hier und Heute leben
und den Augenblick genießen
weil es Abend wird –
und wieder Morgen